**Lars Roedel**


# Das Phänomen Small-World.

## Ein Vergleich relevanter Studien: früher und heute


GRIN Verlag

**Bibliografische Information der Deutschen Nationalbibliothek:**

Die Deutsche Bibliothek verzeichnet diese Publikation in der Deutschen National-
bibliografie; detaillierte bibliografische Daten sind im Internet über http://dnb.d-
nb.de/ abrufbar.



**Impressum:**

Copyright © 2011 GRIN Verlag GmbH
Druck und Bindung: Books on Demand GmbH, Norderstedt Germany
ISBN: 978-3-656-24989-4

**Dieses Buch bei GRIN:**

http://www.grin.com/de/e-book/198544/das-phaenomen-small-world

Technische Universität Dresden

Institut für Soziologie

Lehrstuhl für Methoden der
empirischen Sozialforschung

WS 2010/11

# Hausarbeit

im Seminar „Einführung in die soziale Netzwerkanalyse"
(Soz-AM 01: Aufbaumodul „Methoden empirischer Sozialforschung")

Titel: **Das Phänomen Small-World.**

**Ein Vergleich relevanter Studien: früher und heute**

Verfasser:
Lars Roedel

E-Mail:

Diplomstudiengang Soziologie
3. Fachsemester

# Inhaltsverzeichnis

# Einleitung

„Das Jeder-kennt-jeden-Gesetz"[1] – Diesen Titel trug ein im August 2008 veröffentlichter Artikel bei spiegel-online und befasste sich mit dem Phänomen ‚small-world'. Ein spannendes Thema im Zeitalter des web2.0[2] möchte man meinen. Geht man jedoch dem Ursprung dieses Begriffes nach  so landet man in den 1960er Jahren bei dem Psychologen Stanley Milgram. Er war es, der zu dieser Zeit bereits postulierte, jeder Mensch kennt jeden anderen beliebigen Menschen durchschnittlich über sechs Ecken. Diese Arbeit soll nun, angefangen bei Milgrams Studie[3], diese darstellen (Kapitel I), und weiterführend über die dazugehörigen hypothetischen Berechnungen Harrison Whites, sowie den Versuch von Watts et al.[4] (Kapitel II), diejenige Studie von Horvitz und Leskovec[5] vorstellen (Kapitel III), auf welche sich der spiegel-online-Artikel bezieht. Danach (Kapitel IV) soll aufgezeigt werden, welche Unterschiede zu den Anfängen der small-world Forschung heute bestehen, aber auch wie ‚richtig' Milgram mit den Erkenntnissen seiner Untersuchung schon lag.

Bei der Bearbeitung der Studien sollen auch weitere Aspekte der sozialen Netzwerkforschung darauf angewendet werden. Diese sind die Zentralität in sozialen Netzwerken, sowie Homophilie. Abschließend soll dann ein kurzes Resümee folgen.

---

[1] Vgl. http://www.spiegel.de/wissenschaft/mensch/0,1518,569705,00.html

[2] Bekanntwurde dieser Begriff durch Tim O'Reilly. Er bezeichnet das web2.0 als „a set of economic, social, and technology trends that collectively  form the basis for the next generation of the Internet—a more mature, distinctive medium characterized by user participation, openness, and network effects." aus: Musser, John / O'Reilly, Tim (2006): *Web2.0. Principles and Best Practices.* Sebastopol, CA: USA: O'Reilly Assoc. Inc. S. 4

[3] Vgl. Milgram, Stanley (1967): *The Small-World Problem* In: Psychology Today. New York: Sussex Publishers Inc. Heft 3 Jg. 1967 S. 61 – 67

[4] Vgl. Dodds, Peter S. / Muhamad, Roby / Watts, Duncan J. (2003): *An Experimental Study of Search in Global Social Networks.* In: Science Magazine. Washington, District of Columbia: AAAS. Vol. 301, Nr. 5634. S. 827 – 829 (erschienen am 08. August 2003)

[5] Vgl. Horvitz, Eric / Leskovec, Jure (2007): *Planetary-Scale Views on an Instant-Messaging Network.* In: Microsoft Research TechReport. Redmond, Washington: Microsoft Research. Nr.: MSR-TR-2006-186

# <u>Kapitel I: Milgrams Untersuchungen</u>

## I. 1: Vorgehensweise von Milgram

1967 führte der amerikanische Psychologe Stanley Milgram eine Untersuchung[6] durch, bei welcher er 160 Pakete an Menschen in Wichita, Kansas und Omaha, Nebraska verteilte. Diese waren die Startpunkte; Die Zielpunkte waren die Frau eines Studenten in Cambridge, bzw. in Boston, Massachusetts ansässiger Börsenmakler. Die Start- und Zielpunkte waren einander unbekannte Personen. Ziel dieses Unternehmens war es zu zeigen, dass jeder Mensch jeden anderen über eine Kette mit nur wenigen Gliedern kennt. Die Personen die innerhalb dieser Sendungsketten, welche die Pakete erhielten, waren angehalten ihre Daten in beiliegende Karten einzutragen um die Sendewege nachvollziehen zu können.

## I. 2: Milgrams Ergebnisse

Das Paket mit dem kürzesten Weg von Start nach Ziel benötigte gerade einmal zwei Stationen; Insgesamt waren Weglängen von zwei bis zehn Stationen bei den gesendeten Pakten vorzufinden. Für Milgram ergab sich dadurch ein Mittelwert von 5 Stationen.[7] Jedoch ist och anzumerken, dass von den 160 entsandten Paketen lediglich 44 tatsächlich im Ziel eintrafen. Deswegen war Milgrams Studie sehr umstritten, auch weil man nicht genau nachvollziehen konnte ob auch wirklich die Person, welche das Paket erhalten hat diejenige kennt, an die es weiterverschickt wurde, oder ob es nicht bspw. ein Familienangehöriger oder Freund war. Dennoch ließ sich an Milgrams Ergebnissen erkennen, dass die Pakete vor allem an Personen gleichen Geschlechts weitergeschickt wurden und diese eher Freunde und Bekannte als Familienmitglieder waren. Weiterhin fand Milgram heraus, dass die soziale Distanz eine viel größere Rolle spielt als jene räumliche. Zu erkennen ist also eine ausgeprägte Homophilie[8] beim Geschlecht und der sozialen Klasse[9] bei den Absendern und Empfängern der Pakete. Eine weitere von Milgram aus dessen Forschungsergebnissen abgeleitete Hypothese lautet, dass manche Menschen mehr und manche eben weniger geeignet waren die Pakete weiterzuleiten. Ein Erklärungsversuch wäre hier die Zentralität im

---

[6] Vgl. Milgram, Stanley (1967): *The Small-World Problem* In: Psychology Today. New York: Sussex
Publishers Inc. Heft 3 Jg. 1967 S. 61 – 67
[7] Vgl. ebd. S. 65
[8] Vgl. ebd. S. 65
[9] Hier sei erwähnt dass der Klassenbegriff z. B. auch durch Stand oder Schicht ersetzt werden kann. Es geht rein
um die soziale Distanz zwischen Sender und Empfänger.

Netzwerk. Der Fokus sollte dabei auf dem Degree als Zentralitätsmaß liegen. Hat eine Person eine hohe Degree-Zentralität, also viele Nachbarn im Netzwerk, so steigt natürlich die Wahrscheinlichkeit, dass die ‚richtige' Person bei eben jenen Nachbarn dabei ist.[10] Harrison White war es schließlich, der basierend auf den Ergebnissen Milgrams auf die „six degrees of separation"[11] schloss. Als abgeschlossen galten die Untersuchungen zum Phänomen ‚small-world' dennoch nicht. Auf eine weitere relevante Studie von Watts et al. soll nun im zweiten Kapitel eingegangen werden.

# Kapitel II: Der nächste ‚small-world'-Versuch

## II. 1: Vorgehensweise bei Watts et al.

In Anlehnung an Milgrams erste Untersuchungen zum Phänomen ‚small-world' führten Duncan J. Watts, Peter S. Dodds und Roby Muhamad eine ähnliche Studie[12] durch; und zwar mit Hilfe von E-Mails statt konventionellen Postsendungen. Zunächst wurden hierfür mehr als 60.000 Leute, welche über einen gültigen E-Mail-Account verfügen, über eine online-Ausschreibung rekrutiert; etwa die Hälfte davon waren Nordamerikaner aus der Mittelklasse.[13] Diese sollten nun versuchen, eine von 18 ausgewählten Zielpersonen (diese befanden sich in 13 verschiedenen Ländern) auf dem elektronischen Postweg zu erreichen. Bedingung war, die E-Mail nur an Personen weiterzuleiten, die man ‚gut' kannte und von denen man annahm, sie kennen jemanden, welcher der Zielperson näher steht als man selbst. Des Weiteren wurden die Probanden gebeten zu notieren, wie sie die Person, an welche sie die E-Mail weiterleiten, kennengelernt haben und wie eng diese Verbindung ist.[14]

---

[10] Vgl. Jensen, David / Simsek, Özgür (2008): *Navigating networks by using homophily and degree.* In: Proceedings of the National Academy of Sciences. Wahington, District of Columbia: National Academy of Sciences. Vol. 105 Nr. 35 S. 12761

[11] Vgl. Milgram, Stanley (1967): *The Small-World Problem* In: Psychology Today. New York: Sussex Publishers Inc. Heft 3 Jg. 1967 S. 65

[12] Vgl. Dodds, Peter S. / Muhamad, Roby / Watts, Duncan J. (2003): *An Experimental Study of Search in Global Social Networks.* In: Science Magazine. Washington, District of Columbia: AAAS. Vol. 301, Nr. 5634. S. 827 – 829 (erschienen am 08. August 2003)

[13] Vgl. ebd. S. 827

[14] Vgl. ebd. S. 827

## II. 2: Ergebnisse der Studie

Watts und die anderen kamen bei der Auswertung ihrer Ergebnisse zu dem Schluss, dass sich beim Geschlecht wie schon in Milgrams Experiment eine starke Homophilie[15] zeigt und die E-Mail häufiger an Freunde als an Kollegen, andere ‚professionelle‘ Kontakte, oder Familienmitglieder weitergeleitet wurde.[16] Jedoch resultierten fast die Hälfte der Freundschaften aus früheren Schul- oder Arbeitsbekanntschaften. Weiterhin ist zu erwähnen, dass die Ketten auf Basis ‚professioneller‘ Verbindungen erfolgreicher zu Ende gebracht wurden als diejenigen, welche auf Freundschaften basierten.[17] Die berechnete durchschnittliche Kettenlänge betrug sieben, wenn sich die Start- und Zielpunkte in verschiedenen Ländern befanden; und nur fünf, wenn beide im gleichen Land vorzufinden waren[18] – zu beachten ist jedoch, dass kurze Ketten häufiger beantwortet wurden als lange.

Gemeinsam mit Steven H. Strogatz untersuchte Watts noch weitere ‚small-world‘-Netzwerke[19] (z. B. das Stromnetz der Vereinigten Staaten oder das Netzwerk der Hollywoodschauspieler), welche sie per Definition als eine von diversen möglichen Zwischenstufen zwischen ‚regular networks‘[20] und ‚random networks‘[21] ansiedeln. So ist ihren Ausführungen nach ein ‚small-world‘ Netzwerk gekennzeichnet durch kurze Wegstrecken wie in einem random network und ebenso eine Möglichkeit der Verclusterung wie in ‚regular networks‘.[22]

---

[15] Vgl. ebd. S. 827
[16] Vgl. ebd. S. 828
[17] Vgl. ebd. S. 827
[18] Vgl. ebd. S. 828
[19] Vgl. Strogatz, Steven H. / Watts, Duncan J. (1998): *Collective dynamics of ‚small-world‘ networks.* In: nature magazine. London: Nature Publishing Group. Vol. 393 S. 440 – 442 (erschienen am 04. Juni 1998)
[20] ein ‚regular network‘ besteht aus gar keinen zufälligen Verknüpfungen, also p = 0
[21] ein ‚random network‘ besteht nur aus zufälligen Verknüpfungen, also p = 1
[22] Vgl. Strogatz, Steven H. / Watts, Duncan J. (1998): *Collective dynamics of ‚small-world‘ networks.* In: nature magazine. London: Nature Publishing Group. Vol. 393 S. 440

# Kapitel III: ‚small-world'-Forschung von Horvitz und Leskovec

## III. 1: Studienablauf bei Horvitz und Leskovec

Eine relativ aktuelle Studie zum Phänomen ‚small-world' stammt von Horvitz und Leskovec.[23] Die beiden nahmen als Datenpool den ‚Microsoft instant messenger' und verfolgten im gesamten Monat Juni des Jahres 2006 die geführten Unterhaltungen. Dies bedeutete zunächst eine Datenmenge von 240 Mio. Accountbesitzern und 30 Mrd. Unterhaltungen. Als Netzwerk-Graph ergab sich folgendes Bild: ein Netzwerk mit 180 Mio. Knoten und 1,3 Mrd. ungerichteten Kanten.[24] Die Abweichung des Netzwerkes von der angeführten Datenmenge kommt dadurch zustande, dass zum einen nicht alle Benutzer des Dienstes auch tatsächlich Konversationen im untersuchten Monat betrieben, und zum anderen, dass für mehrere Unterhaltungen zwischen den gleichen Personen nur eine Kante angelegt wurde. Nach eigenen Angaben war es das bis dato größte konstruierte und analysierte soziale Netzwerk. Durch die enorme Größe war eine starke Vernetzung vorzufinden und es war robust gegen die Wegnahme von Knoten. Zu den oben bereits erwähnten ungerichteten Kanten ist weiterhin anzufügen, dass eine solche eben entsteht, sobald ein Kontakt mit einem anderen zum ersten Mal eine Konversation beginnt. Horvitz und Leskovec führen diesen Punkt zu Beginn der Studie noch einmal an, um den konstruierten und zu untersuchenden Graphen vom „Buddy-Graphen"[25] abzugrenzen. In eben diesem steht eine Kante für das gegenseitige Auflisten in der Kontaktliste zweier Knoten, also Accountbesitzern.

## III. 2: Forschungsergebnisse

Ähnlich wie in Milgrams Untersuchung hatten auch Horvitz und Leskovec teilweise eine stark ausgeprägte Homophilie zu notieren. Diese äußerte sich vor allem bei der Sprache der Konversationspartner.[26] Weiterhin ist auch der Herkunftsort[27] so scheint es sehr wichtig; So

---


[23] Vgl. Horvitz, Eric / Leskovec, Jure (2007): *Planetary-Scale Views on an Instant-Messaging Network.* In: Microsoft Research TechReport. Redmond, Washington: Microsoft Research. Nr.: MSR-TR-2006-186
[24] Vgl. ebd. S. 2
[25] Vgl. ebd. S. 2
[26] Vgl. ebd. S. 18
[27] Vgl. ebd. S. 12 ff.

kommt der Gesprächspartner meist aus derselben Gegend als man selbst. Dies deckt sich problemlos mit der wie bereits oben erwähnten starken Homophilie bei der Sprache – wer aus dem gleichen Gebiet kommt spricht zumeist auch die gleiche Sprache. Hier sollte zusätzlich noch angebracht werden, dass die Gesprächslänge zunimmt, je weiter sich die betreffenden Personen auseinander befinden, diese Konversationen jedoch seltener sind eben je weiter weg die Gesprächspartner voneinander wohnen. Ein Kriterium mit nicht allzu stark ausgeprägter Homophilie ist das Alter[28] der beiden Konversationspartner. Als letzte Erkenntnis zur Homophilie ist nun zu erwähnen, dass – im Gegensatz zu den bisher beschriebenen Studien – beim Geschlecht gar keine Homophilie auszumachen ist. In den meisten der untersuchten Fälle waren beide Gesprächspartner verschiedenen Geschlechts.[29]

Beim augenscheinlich wichtigsten Untersuchungsaspekt kamen die beiden Autoren dann allerdings wieder auf ein ähnliches Ergebnis wie ihre Forscherkollegen vor ihnen: die durchschnittliche Kettenlänge zwischen zwei beliebigen Knoten im Netzwerk hatte eine durchschnittliche Länge von 6,6. Allerdings sollte man nicht den Mittelwert, sondern den Median betrachten – und dieser beträgt in der vorliegenden Studie sechs.[30] Damit bestätigten sie exakt die „six degrees of separation"[31] von Milgram und White, auf die auch schon von Watts et al. in ihren Untersuchen gekommen waren.

# Kapitel IV: Veränderungen in der ‚small-world' Forschung

Die gravierendste Veränderung der ‚small-world' Forschung trägt die Benutzung des Internets, v.a. seit dem web2.0 mit sich. Dadurch eröffnen sich Forschern zahlreiche Möglichkeiten mehr als in früheren Tagen, in denen niemand oder kaum jemand über einen Internetzugang verfügte. So hatten Horvitz und Leskovec die Möglichkeit ein bestehendes online-Netzwerk, und zwar ein enorm großes, zu untersuchen und waren dabei nicht wie Milgram noch auf Teilnahmebereitschaft der Probanden oder gar deren Rekrutierung angewiesen. Zusammenhängend mit der generellen Nutzung von Computern ist natürlich auch seit dem Einsatz von Software diese immer besser geworden, was Untersuchungen wie die von Horvitz und Leskovec durchgeführten überhaupt erst ermöglicht.

---

[28] Vgl. ebd. S. 9 f.
[29] Vgl. ebd. S. 10 f.
[30] Vgl. ebd. S. 23
[31] Vgl. Milgram, Stanley (1967): *The Small-World Problem* In: Psychology Today. New York: Sussex Publishers Inc. Heft 3 Jg. 1967 S. 65

Kritikpunkte, welche sich Milgrams Forschungen zum Phänomen ‚small-world' noch gefallen lassen musste, wie bspw. die Tatsache der geringen Rücklaufquote, welche laut Kleinfeld[32] unter anderem deshalb so gering gewesen sein könnte, weil nicht exakt bekannt ist, ob Milgram sich an diejenige Form des Anschreibens gehalten hat, welche Dillman in seiner „Total Design Method"[33] beschreibt, kann man in der heutigen Forschung umgehen, indem man wie in der letzten beschriebenen Studie ein vorhandenes online-Netzwerk übernimmt und dieses untersucht. Dadurch wird ebenfalls der ‚Einsatz' von Mittelmännern ausgeschlossen.

Trotz aller Neuerungen der Technik in der Forschung bleibt festzuhalten, dass Milgrams und Whites' These der „six degrees of separation" nicht falsifiziert werden konnte und durch aktuelle Forschungsprojekte sogar des Öfteren verifiziert wurde. Kritik die allerdings auch die heutigen Untersuchungen trifft, ist beispielsweise der tatsächliche Nutzen der kurzen Ketten – so ist man möglicherweise mit einem Experten, von welchem man Wissen benötigt nur 2 Kanten entfernt, das heißt jedoch noch nicht, dass dieser auch schnell, bzw. einfach zu erreichen ist, wie Singh et al. in ihrer Studie[34] darlegen.

# **<u>Resümee</u>**

Angefangen bei Milgrams Studie zum Phänomen ‚small-world' wurden seitdem immer häufiger soziale Netzwerke auf die ‚six degrees of separation' hin untersucht. zwar alle mit unterschiedlichen Vorzeichen und verschiedenen Methoden, sowie Kenntnisständen und neuer Errungenschaften im Bereich der Technik, aber eines kam bei diesen Studien immer wieder zu Tage: das „jeder-kennt-jeden-Gesetz". So war die Kritik an Milgrams Vorgehensweise einerseits berechtigt, andererseits hatte er mit seinen Erkenntnissen jedoch Recht behalten wie es seine Nacheiferer gezeigt haben.

---

[32] Vgl. Kleinfeld, Judith (2000): *Could It Be a Big World After All? What the Milgram Papers in the Yale Archives Reveal About the Original Small World Study.*
veröffentlicht auf: http://www.columbia.edu/itc/sociology/watts/w3233/client_edit/big_world.html
[letzter Zugriff: 24.03.2011, 23.17 Uhr]

[33] Dillman, Don A. (1978): *Mail and Telephone Surveys: The Total Design Method.* New York: John Wiley and Sons Inc. S. 12 f.

[34] Vgl. Hansen, Morten T. / Podolny, Joel M. / Singh, Jasith (2010): *The World Is Not Small for Everyone: Inequity in Searching for Knowledge in Organizations.* In: Management Science. Hannover, Maryland USA: Informs. Vol. 56 Nr. 9 S. 1435

# Literaturverzeichnis


Dillman, Don A. (1978): *Mail and Telephone Surveys: The Total Design Method.* New York, New York: John Wiley and Sons Inc.

Dodds, Peter S. / Muhamad, Roby / Watts, Duncan J. (2003): *An Experimental Study of Search in Global Social Networks.* In: Science Magazine. Washington, District of Columbia: AAAS. Vol. 301, Nr. 5634. S. 827 – 829 (erschienen am 08. August 2003)

Hansen, Morten T. / Podolny, Joel M. / Singh, Jasith (2010): *The World Is Not Small for Everyone: Inequity in Searching for Knowledge in Organizations.* In: Management Science. Hannover, Maryland: Informs. Vol. 56 Nr. 9 S. 1415 – 1438

Horvitz, Eric / Leskovec, Jure (2007): *Planetary-Scale Views on an Instant-Messaging Network.* In: Microsoft Research TechReport. Redmond, Washington: Microsoft Research. Nr.: MSR-TR-2006-186

Jensen, David / Simsek, Özgür (2008): *Navigating networks by using homophily and degree.* In: Proceedings of the National Academy of Sciences. Wahington, District of Columbia: National Academy of Sciences. Vol. 105 Nr. 35 S. 12758 - 12762

Kleinfeld, Judith (2000): *Could It Be a Big World After All? What the Milgram Papers in the Yale Archives Reveal About the Original Small World Study.* veröffentlicht auf: http://www.columbia.edu/itc/sociology/watts/w3233/client_edit/big_world.html [letzter Zugriff: 24.03.2011, 23.17 Uhr]

Milgram, Stanley (1967): *The Small-World Problem* In: Psychology Today. New York, New York: Sussex Publishers Inc. Heft 3 Jg. 1967 S. 61 – 67

Musser, John / O'Reilly, Tim (2006): *Web2.0. Principles and Best Practices.* Sebastopol, California: USA: O'Reilly Assoc. Inc.

Strogatz, Steven H. / Watts, Duncan J. (1998): *Collective dynamics of ‚small-world'* *networks.* In: nature magazine. London: Nature Publishing Group. Vol. 393 S. 440 – 442 (erschienen am 04. Juni 1998)

http://www.spiegel.de/wissenschaft/mensch/0,1518,569705,00.html [letzter Zugriff: 24.03.2011, 23.[14] Uhr]